Ulrich Renz · Marc Robitzky

The Wild Swans

Дикі лебіді

Bilingual picture book based on a fairy tale by

Hans Christian Andersen

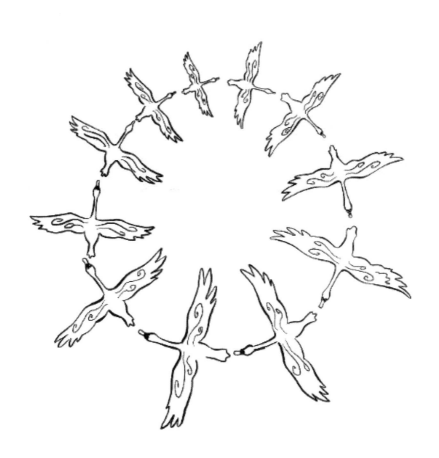

Translation:

Ludwig Blohm, Pete Savill (English)

Vsevolod Orlov (Ukrainian)

Audiobook and video:

www.sefa-bilingual.com/bonus

Password for free access:

English: **WSEN1423**

Ukrainian: **WSUK3020**

Once upon a time there were twelve royal children –
eleven brothers and one older sister, Elisa. They lived
happily in a beautiful castle.

Давним-давно жили-були у короля дванадцять
дітей–одинадцять братів та їхня старша сестра Еліза.
Вони жили щасливо у прекрасному палаці.

One day the mother died, and some time later the king married again. The new wife, however, was an evil witch. She turned the eleven princes into swans and sent them far away to a distant land beyond the large forest.

Одного дня королева померла, і через деякий час король одружився вдруге. Але нова дружина була злобною відьмою. Вона зачарувала одинадцять принців, перетворивши їх на лебедів, та відправила їх у далеку країну, яка знаходилася біля дрімучого лісу.

She dressed the girl in rags and smeared an ointment onto her face that turned her so ugly, that even her own father no longer recognized her and chased her out of the castle. Elisa ran into the dark forest.

Дівчинку вона одягнула у лахи та вилила на її лице гидку мазь так, що навіть рідний батько не впізнав її та вигнав із замку. Еліза втекла у темний ліс.

Now she was all alone, and longed for her missing brothers from the depths of her soul. As the evening came, she made herself a bed of moss under the trees.

Там була вона зовсім самотня і всім серцем сумувала за своїми зниклими братами. Увечері вона зробила під деревами ліжко з моху.

The next morning she came to a calm lake and was shocked when she saw her reflection in it. But once she had washed, she was the most beautiful princess under the sun.

Наступного ранку вона прийшла до тихого озера та, побачивши своє відображення, злякалась. Вона вмилася і знов стала найкрасивішою принцесою у всьому світі.

After many days Elisa reached the great sea. Eleven swan feathers were bobbing on the waves.

Минуло декілька днів, та Еліза дійшла до великого моря, на хвилях якого гойдалися одинадцять лебедів.

As the sun set, there was a swooshing noise in the air and eleven wild swans landed on the water. Elisa immediately recognized her enchanted brothers. They spoke swan language and because of this she could not understand them.

Як зійшло сонце, вона почула шум—то одинадцять диких
лебедів опустилися на воду. Еліза одразу ж впізнала
своїх зачарованих братів, але вона не могла зрозуміти
їх, бо вони говорили лебединою мовою.

During the day the swans flew away, and at night the siblings snuggled up together in a cave.

One night Elisa had a strange dream: Her mother told her how she could release her brothers from the spell. She should knit shirts from stinging nettles and throw one over each of the swans. Until then, however, she was not allowed to speak a word, or else her brothers would die.
Elisa set to work immediately. Although her hands were burning as if they were on fire, she carried on knitting tirelessly.

Удень лебеді зникали, а вночі брати та сестра ніжно притискалися один до одного у печері.

Якось вночі Елізі наснився дивний сон: її мати сказала їй, як вона може звільнити братів від чар. Вона мала виплести з кропиви по сорочці для кожного лебедя та накинути їх на них. Але до того часу з її вуст не має вилетіти жодного слова, інакше її брати загинуть.
Еліза одразу ж взялася до роботи. Хоча її руки пекло вогнем, вона невтомно плела.

One day hunting horns sounded in the distance. A prince came riding along with his entourage and he soon stood in front of her. As they looked into each other's eyes, they fell in love.

Одного дня десь вдалині залунав мисливській ріг. Принц зі своїми підданими прискакав на коні та вже незабаром стояв перед Елізою. Як тільки вони подивились один одному в вічі, то одразу ж закохалися.

The prince lifted Elisa onto his horse and rode to his castle with her.

Принц посадив Елізу на свого коня та поскакав із нею у свій палац.

The mighty treasurer was anything but pleased with the arrival of the silent beauty. His own daughter was meant to become the prince's bride.

Але могутній радник принца аж ніяк не радів приїзду мовчазної красуні, тому що його власна донька мала стати нареченою принца.

Elisa had not forgotten her brothers. Every evening she continued working on the shirts. One night she went out to the cemetery to gather fresh nettles. While doing so she was secretly watched by the treasurer.

Еліза не забула про своїх братів. Кожен вечір вона продовжувала плести сорочки. Якось вночі вона пішла на цвинтар нарвати свіжої кропиви, а радник непомітно стежив за нею.

As soon as the prince was away on a hunting trip, the treasurer had Elisa thrown into the dungeon. He claimed that she was a witch who met with other witches at night.

Коли принц поїхав на полювання, радник кинув Елізу у темницю. Радник заявив, що вона відьма, яка по ночах зустрічається з іншими відьмами на цвинтарі.

At dawn, Elisa was fetched by the guards. She was going to be burned to death at the marketplace.

На світанку Елізу схопили вартові. Її мали спалити на ринковій площі.

No sooner had she arrived there, when suddenly eleven
white swans came flying towards her. Elisa quickly threw a
shirt over each of them. Shortly thereafter all her brothers
stood before her in human form. Only the smallest, whose
shirt had not been quite finished, still had a wing in place of
one arm.

Ледь вона опинилася там, як раптом прилетіли одинадцять білих лебедів. Еліза швидко накинула на кожного панцир-сорочку. Перед нею встали всі її брати у людській подобі. Тільки у наймолодшого, чия сорочка була недоплетена, замість однієї руки було лебедине крило.

The siblings' joyous hugging and kissing hadn't yet finished as the prince returned. At last Elisa could explain everything to him. The prince had the evil treasurer thrown into the dungeon. And after that the wedding was celebrated for seven days.

And they all lived happily ever after.

Коли повернувся принц, обіймам та поцілункам сестри та братів не було кінця. Нарешті Еліза змогла все розповісти йому. Принц наказав кинути злого радника до в'язниці. А потім усі сім днів святкували весілля.

І жили вони довго та щасливо.

Hans Christian Andersen

Hans Christian Andersen was born in the Danish city of Odense in 1805, and died in 1875 in Copenhagen. He gained world fame with his literary fairy-tales such as „The Little Mermaid", „The Emperor's New Clothes" and „The Ugly Duckling". The tale at hand, „The Wild Swans", was first published in 1838. It has been translated into more than one hundred languages and adapted for a wide range of media including theater, film and musical.

Marc Robitzky

Marc Robitzky, born in 1973, studied at the Technical School of Art in Hamburg and the Academy of Visual Arts in Frankfurt. He works as a freelance illustrator and communication designer in Aschaffenburg (Germany).

www.robitzky.eu

Do you like drawing?

Here are the pictures from the story to color in:

www.sefa-bilingual.com/coloring

Enjoy!

www.sefa-bilingual.com/coloring

www.sefa-bilingual.com/coloring

www.sefa-bilingual.com/coloring

► For ages 2 and up

Tim can't fall asleep. His little wolf is missing! Perhaps he forgot him outside? Tim heads out all alone into the night – and unexpectedly encounters some friends ...

Available in your languages?

► Check out with our „Language Wizard":

www.sefa-bilingual.com/languages

My Most Beautiful Dream

Мій найпрекрасніший сон

Cornelia Haas · Ulrich Renz

English bilingual Ukrainian

▶ Recommended age: 2-3 and up

Lulu can't fall asleep. All her cuddly toys are dreaming already – the shark, the elephant, the little mouse, the dragon, the kangaroo, and the lion cub. Even the bear has trouble keeping his eyes open …

Hey bear, will you take me along into your dream?

Thus begins a journey for Lulu that leads her through the dreams of her cuddly toys – and finally to her own most beautiful dream.

Available in your languages?

▶ Check out with our „Language Wizard":

www.sefa-bilingual.com/languages

© 2022 by Sefa Verlag Kirsten Bödeker, Lübeck, Germany

www.sefa-verlag.de

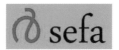

Special thanks to: Paul Bödeker, Freiburg, Germany

ISBN: 9783739955803

Version: 20190101

www.sefa-bilingual.com

Printed in Great Britain
by Amazon

82255400R00025